BEI GRIN MACHT SICH IHR WISSEN BEZAHLT

- Wir veröffentlichen Ihre Hausarbeit,
  Bachelor- und Masterarbeit

- Ihr eigenes eBook und Buch -
  weltweit in allen wichtigen Shops

- Verdienen Sie an jedem Verkauf

Jetzt bei www.GRIN.com hochladen und kostenlos publizieren

Effekte des Ausdauertrainings bei Diabetes Mellitus Typ 2 anhand eines Praxisbeispiels

Diagnose, Zielsetzung und Trainingsplanung

Bibliografische Information der Deutschen Nationalbibliothek:

Die Deutsche Nationalbibliothek verzeichnet diese Publikation in der Deutschen Nationalbibliografie; detaillierte bibliografische Daten sind im Internet über http://dnb.d-nb.de abrufbar.

ISBN: 9783346412225
Dieses Buch ist auch als E-Book erhältlich.

© GRIN Publishing GmbH
Nymphenburger Straße 86
80636 München

Druck und Bindung: Books on Demand GmbH, Norderstedt Germany
Gedruckt auf säurefreiem Papier aus verantwortungsvollen Quellen

Das Buch bei GRIN: https://www.grin.com/document/1014381

Deutsche Hochschule für

Prävention und Gesundheitsmanagement

Einsendeaufgabe

Fachmodul: Trainingslehre 2

Studiengang: Sportökonomie

Datum
Präsenzphase: 11.01.2021-13.01.2021

Studienort: **Stuttgart**

Semester: **WS2019**

Inhaltsverzeichnis

1 Diagnose

1.1 Allgemeine und biometrische Daten

1.1.1 Erfassung der allgemeinen und biometrischen Daten

Bevor ein geeigneter Trainingsplan aufgestellt werden kann sollte zunächst eine Diagnose durch ein Eingangsgespräch, biometrische Daten und spezielle motorische Tests durchgeführt werden. Ziel dabei ist es, wichtige und trainingsrelevante Daten für die Planung weiterer Trainingsmaßnahmen zu sammeln, um die aktuelle Leistungsfähigkeit und den Gesundheitszustand der Person beurteilen zu können. Im Anschluss sind die allgemeinen und biometrischen Daten, sowie der aktuelle Gesundheitszustand des Probanden tabellarisch dargestellt.

Tab. 1: allgemeine und biometrische Daten des Probanden (eigene Darstellung, 2021)

Alter	26 Jahre
Geschlecht	Weiblich
Körpergröße	1,57m
Körpergewicht	57kg
Trainingsmotive	Verbesserung der Herzarbeit, Ausbau der Grundlagenausdauer, Abnehmen
Berufliche Tätigkeit	Dualstudentin Sportökonomie, Trainerin EMS
Aktuelle sportliche Tätigkeit	Volleyball 2x1,5 Stunden wöchentlich (3 Jahre Erfahrung) Ganzkörpertraining 3x1 Stunde wöchentlich (2 Jahre), joggen 3x2,5-3 h wöchentlich (ca. 6 Monaten) Fahrrad fahren unregelmäßig
Frühere sportliche Tätigkeit	Turnen 3x die Woche, Schwimmen 2x die Woche
Zeitlicher Verfügungsrahmen	Maximal 3x die Woche jeweils 1 Stunde
Blutdruck	101/63 mmHg
Ruhepuls	65 Schläge/Minute
Orthopädische u. internistische Probleme	Keine Befunde liegen vor
In ärztlicher Behandlung	Keine ärztliche Behandlung
Einnahmen von Medikamenten	Keine Einnahme von Medikamenten
Gesundheitliche Einschränkungen	Knieschmerzen beidseitig

1.1.2 Bewertung der Parameter Blutdruck und Ruhepuls

Zur Einordnung der gemessenen Blutdruckwerte wird eine Normwerttabelle der Amercian Heart Association (AHA) hinzugezogen. Diese Blutdruckklassifikation gliedert den Blutdruck in die zwei Hauptkategorien „Normotonie" und „arterielle Hypertonie" ein. Liegt einer der beiden Blutdruckwerte, sei es systolisch oder diastolisch, über der vorgegebenen Grenze, wird der Blutdruck der jeweiligen Person in der nächsthöheren Klasse eingeordnet. Der gemessene Blutdruck des Probanden beträgt 101/63 mmHG, was laut der AHA einem optimalen Blutdruck entspricht.

Tab. 2: Blutdruckklassifikation der American Heart Association (nach Mancia et al., 2013, S.1286)

Bewertungsstufen	Systolischer Blutdruck	Diastolischer Blutdruck
Normblutdruck (Normotonie)		
Optimal	Unter 120 mmHg	Unter 80 mmHg
Normal	Unter 130 mmHg	Unter 85 mmHg
Hochnormal	130 – 139 mmHg	85 - 89 mmHg
Bluthochdruck (arterielle Hypertonie)		
Stufe 1	140 – 159 mmHg	90 – 99 mmHg
Stufe 2	160 – 179 mmHg	100 – 109 mmHg
Stufe 3	>180 mmHg	> 110 mmHg

Der Ruhepuls wird unterschieden in die Formen Bradykardie, Normokardie und Tachykardie. Liegt die Herzfrequenz in Ruhe unter 60 Schlägen pro Minute wird dies als Bradykardie bezeichnet. Über 100 Schläge pro Minute entspricht der Tachykardie. Der Proband hat einen Ruhepuls von 65 Schlägen pro Minute, was der Normokardie entspricht, die bei einem Erwachsenen im Bereich von 60-80 Schlägen pro Minute liegt (Weineck, 2003, S. 50).

Im Hinblick auf die biometrischen Parameter Blutdruck und Ruhepuls lassen sich zunächst keine Einschränkungen für das zukünftige Training feststellen.

1.2 Leistungsdiagnostik/Ausdauertestung

1.2.1 Auswahl eines geeigneten Testverfahrens

Eine Ausdauertestung hat zum Ziel den aktuellen Leistungszustand der Person zu bestimmen und die Aufgabe, Trainingsempfehlungen anhand der bestimmten Leistung zu geben und diese mit Hilfe von so genannten Re-Tests zu dokumentieren. Es gibt eine Vielzahl etablierter Verfahren zur Ermittlung der Ausdauerleistungsfähigkeit, z.B. die Ergometrie.

Im Rahmen dieser Arbeit wird ausschließlich auf die Fahrradergometrie eingegangen. Dieser Ausdauerergometer hat vor allem den Vorteil, dass er zum einen gelenkschonend und somit für alle Personengruppen gut geeignet ist. Zum anderen existieren bei diesem Verfahren Normwerte, die zum individuellen Leistungsvergleich nötig sind und eine Grundvoraussetzung für einen optimalen Ausdauertest bilden (Kindermann & Coen, 1998).

Für die richtige Geräteauswahl werden unterschiedliche Testarten, bzw. Belastungsverfahren, unterschieden. Hier gibt es die Wahl zwischen der stufenweisen steigenden Belastung, dem Stufentest, oder das Verfahren mit konstanter physikalischer Leistung, auch Dauertest genannt. Zum Stufentest gehören unter anderem der WHO-Test, der Hollmann-Venrath-Test (H-&V-Test) und der Vita-Maxima-Test (Pressenhofer & Schwaberger, 1994, S.153). Welcher der genannten Testverfahren zum Probanden passt, hängt vor allem von seinem derzeitigen Trainingszustand ab. Für die grobe Einteilung gilt, der WHO-Test für leistungsschwächere Personen und Anfänger, der H-&V-Test für durchschnittlich bis gut trainierte Personen und der Vita-Maxima-Test für Leistungssportler. Sowohl der WHO-Test als auch der H-&V-Test werden mit einer submaximalen Belastung durchgeführt, wobei beim H-&V-Test die Belastbarkeit der zu testenden Person mindestens 150 Watt betragen soll (Rost, 2002). Anders beim Vita-Maxima-Test, hier wird der Testdurchlauf mit der maximalen Belastung ausgeführt. Diese Art sollte auf Grund der möglichen körperlichen Probleme, die während des Testes auftreten können, kritisch im Bereich des Fitness- und Gesundheitssports gesehen werden.

Anhand der im Eingangsgespräch gesammelten Daten, lässt sich der Proband bei den durchschnittlich bis gut trainierten Personen einordnen. Somit würde der H-&V-Test in Frage kommen. Diese Entscheidung basiert auf den sechs Monaten, in denen die Testperson bereits erste Erfahrungen im Bereich Ausdauertraining sammeln und eine gewisse Grundlagenausdauer aufbauen konnte. Zusätzlich leistet der Proband noch andere körperliche Tätigkeiten, die auf eine gute Belastbarkeit hindeuten. Da keine gesundheitlichen Einschränkungen vorliegen, kann davon ausgegangen werden, dass der Proband durchaus eine Belastbarkeit von 150 Watt schafft.

1.2.2 Durchführung des ausgewählten Testverfahrens

Bevor der eigentliche H-&V-Test durchgeführt wird, sollte der so genannte IPN-Test erfolgen. IPN steht für das Institut für Prävention und Nachsorge. Dieser dient zur Voreinstufung der Belastbarkeit des Probanden. Hierbei wird die Zielherzfrequenz, welche später als Abbruchkriterium bei der Durchführung des Ausdauertests verwendet wird, berechnet. Sie setzt sich zusammen aus dem Alter, der Ruheherzfrequenz und der Trainingshäufigkeit von ausdauerrelevanten Aktivitäten (Institut für Prävention und Nachsorge, 2004). Die Voreinstufung nach Ruheherzfrequenz und Lebensalter erfolgt mit Hilfe der folgenden Tabelle.

Tab. 3: Voreinstufung nach Ruheherzfrequenz und Alter (modifiziert nach Trunz, 2001; IPN, 2004, S.4)

Alter Hf_{Ruhe}	20-29
<50 S/min	135 S/min
50-59 S/min	140 S/min
60-69 S/min	145 S/min
70-79 S/min	145 S/min
80-89 S/min	150 S/min
>90 S/min	155 S/min

Hf = Herzfrequenz   S = Schläge   min = Minute

Aus der Voreinstufung ergibt sich für den Probanden eine Herzfrequenz von 145 Schlägen pro Minute. Zusätzlich wird die Trainingshäufigkeit bewertet, um einen genaueren Wert zu erlangen. Hierzu wird eine weitere Tabelle hinzugezogen.

Tab. 4: Voreinstufung unter zusätzlicher Berücksichtigung der Trainingshäufigkeit ausdauerrelevanter Aktivitäten (modifiziert nach Trunz, 2001; IPN, 2004, S.4)

Trainingszustand	Trainingshäufig- keit/Woche	Stunden/Woche	Pulsaufschlag
Kein Ausdauertraining	Kein einziges Mal	0 Stunden	Kein Aufschlag
Wenig Ausdauertraining	1-2-mal	≤ 1 Stunde	Kein Aufschlag
Moderates Ausdauertraining	2-3-mal	1-2 Stunden	Plus 5 S/min
Viel Ausdauertraining	3-4-mal	2-4 Stunden	Plus 10 S/min
Sehr viel Ausdauertraining	> 4-mal	> 4 Stunden	Plus 15 S/min

S = Schläge   min = Minute

Laut den Angaben der Testperson wird regelmäßig bis zu dreimal die Woche Ausdauertraining mit jeweils einer Dauer von einer Stunde betrieben. Es sollte nicht außer Acht gelassen werden, dass der Proband bereits seit 6 Monaten dieses Training aufrechterhält. Daraus lässt sich ableiten, dass der Trainingszustand im Bereich „Moderates Ausdauertraining" liegt und somit ein Pulsaufschlag von fünf Schlägen pro Minute draufgerechnet wird (Trunz, 2001). Für den Probanden ergibt sich daraus eine Zielherzfrequenz von 150 Schlägen pro Minute.

Nach der Voreinstufung erfolgt schlussendlich der eigentliche Test, in dem Fall nach Hollmann & Venrath. Die Eingangsbelastung beträgt hierbei 30 Watt und wird nach jeder Stufendauer, die drei Minuten beträgt, um weitere 40 Watt erhöht. Die Trittfrequenz sollte dabei bei ca. 60-80 Umdrehungen pro Minute liegen (Rost, 2002, S.53; Trunz, 2001, S. 4). Jede Minute wird die Herzfrequenz erneut ermittelt, damit der Zeitpunkt des Erreichens der bereits vordefinierten Zielherzfrequenz von 150 Schlägen pro Minute bestimmt werden kann. Alle gemessenen Werte werden in ein Testprotokoll eingetragen. Der Test wird erst abgebrochen, wenn die Zielherzfrequenz erreicht ist und die jeweilige Stufe durchgefahren wurde. Sollten vorher Komplikationen auftreten, wie Schwindel, Übelkeit etc., wird der Test sofort abgebrochen (Steinacker, Liu & Reißnecker, 2002, S. 228). Wird jedoch die vorher festgelegte Pulsobergrenze vor dem Abschluss der Stufe erreicht, muss die erreichte Wattleistung interpoliert werden (Rost, 2002, S.53; Trunz, 2001, S. 4). Die noch zu berechnende relative Wattleistung wird erreicht durch eine Division der Testgröße durch das Körpergewicht.

Tab. 5: Normtabelle für submaximale Radergometertests - Relative Watt-Soll-Leistung (Watt pro kg) bei Frauen (modifiziert nach IPN, 2004, S. 8)

Intensität / Alter	<30	Bewertung
0,58	1,55	☹
0,59	1,6	☹
0,60	1,7	Ø
0,61	1,8	Ø
0,62	2,0	Ø
0,63	2,1	☺
0,64	2,3	☺
0,65	2,4	☺
0,66	2,6	☺☺

1.2.3   Testergebnis und Bewertung

Die testrelevanten Daten werden zunächst nochmal tabellarisch zusammengefasst. Das Protokoll, das während dem Testdurchlauf geführt wurde, ist im Anschluss dargestellt.

Tab. 6: testrelevante Daten des Probanden (eigene Darstellung, 2021)

Geschlecht	Weiblich	Alter	26 Jahre
Gewicht	57 kg		
Ruhepuls	65 S/min	Blutdruck	101/63 mm/Hg
Testform	Stufentest submaximal	Stufendauer	3 Minuten
Eingangsbelastung	30 Watt	Belastungssteigerung	40 Watt
Trittfrequenz	60-80 U/min	Pulsobergrenze	150 S/min

Tab. 7: Testverlauf und Ergebnisse (eigene Darstellung, 2021)

Eingangstest		Datum 21.01.2021 15 Uhr			
Zeit [min]	Watt	Hf 1 [S/min]	Hf 2 [S/min]	Hf 3 [S/min]	
0-3	30	82 S/min	89 S/min	95 S/min	
3-6	70	103 S/min	111 S/min	120 S/min	
6-9	110	128 S/min	135 S/min	142 S/min	
9-12	150	150 S/min	158 S/min	165 S/min	
Watt gesamt	123				
Watt/Kg	123/57 = 2,16				
Bewertung nach Normtabelle		2,16 Watt/kg → ☺			

Der Proband hat in der ersten Minute der vierten Stufe seine Pulsobergrenze von 150 Schlägen pro Minute erreicht. Die Stufe wurde noch zu Ende gefahren. Für die Berechnung der relativen Wattleistung muss zuerst die erreichte Wattzahl interpoliert werden. Erst im Anschluss wird durch das Körpergewicht dividiert. Der errechnete Wert von 2,16 Watt/kg Körpergewicht entspricht, nach einem Vergleich mit der Normtabelle für submaximale Radergometertests bei Frauen, einem guten Ausdauervermögen (IPN, 2004, S. 8).

1.3 Gesundheits- und Leistungsstatus der Person

Mit Hilfe der biometrischen Werte und der erreichten Ergebnisse wird eine allgemeine Belastbarkeit des Probanden ermittelt. Im Abschnitt 1.1 wurde bereits festgestellt, dass gesundheitlich in Bezug auf den Blutdruck und Ruhepuls keine Auffälligkeiten vorhanden sind. Um den Gesundheitszustand des Probanden näher bestimmen zu können, ist eine Auswertung des Body-Mass-Index (BMI) hilfreich. Dabei lässt sich der BMI leicht mit der folgenden Formel berechnen.

$$BMI = \frac{\text{Körpergewicht [kg]}}{\text{Größe [m]}^2}$$

Für den Probanden ergibt sich somit ein BMI von 23,12. Der Gewichtsklassifikation der WHO zufolge liegt dieser Wert im Normbereich (World Health Organization, 2000).

Tab. 8: Klassifizierung des BMI (modifiziert nach World Health Organization, 2020)

Kategorie	BMI (kg/m2)
Untergewicht	< 18,5
Normalgewicht	18,5-24,9
Übergewicht	25-29,9
Adipositas Grad 1	30-34,9
Adipositas Grad 2	35-39,9
Adipositas Grad 3	> 40

Daraus lässt sich ableiten, dass auch hier keine Einschränkungen im Zuge des Übergewichts vorliegen.

Der allgemeine Gesundheitszustand und die bereits gesammelte Erfahrung im allgemeinen Trainingsbereich deuten auf eine gute Belastbarkeit des Probanden hin. Bei der Auswertung der H-&V-Test erreichte der Proband einen Wert von 2,16, welcher einer guten Ausdauerleistung entspricht. Somit bestätigt sich die Annahme aus den bereits gesammelten Daten.

Jedoch muss ein Augenmerk auf die Knieprobleme gelegt werden, welche im Bereich des Eingangsgesprächs erwähnt wurden. Es sollte zunächst bei der Trainingsplanung auf Stoßbelastung, die z.B. beim Laufen entstehen, verzichtet werden. Ratsam wäre hierbei ein Ausdauertraining auf dem Fahrradergometer, Stepper oder Crosstrainer, da diese Varianten gelenkschonender sind.

2 Zielsetzung/Prognose

Nachdem in der Diagnose motorische Tests durchgeführt und in einem Eingangsgespräch die wichtigen Daten über den Probanden erfasst wurden, erfolgt die Zielsetzung. Wichtig ist es, den Probanden dabei nicht nur den Inhalt seines Zieles formulieren zu lassen. Ausmaß und Zeit müssen ebenfalls klar definiert sein. Erst durch die präzise Ausformulierung des Zieles mit allen drei Komponenten, Inhalt, Ausmaß und Zeit, kann die folgende Trainingsplanung an den Probanden angepasst werden.

Aus den Motiven, die der Proband im Eingangsgespräch genannt hat, können jetzt genaue Ziele für das Training abgeleitet werden. Die drei Ziele werden im Folgenden tabellarisch dargestellt.

Tab. 9: Zielformulierung (eigene Darstellung, 2021)

Ziel	Inhalt	Ausmaß	Zeit
Ökonomisierung der Herzarbeit	Ruhepuls senken	Senkung um 2 S/min	Innerhalb von 6 Wochen
Ausbau der Grundlagenausdauer	Wattleistung steigern	Steigerung um 15%	Innerhalb von 10 Wochen
Abnehmen	Körpergewicht reduzieren	Gewichtsreduktion um 3 kg	Innerhalb von 6 Wochen

KFA = Körperfettanteil

Das wichtigste Ziel für den Probanden stellt die Ökonomisierung der Herzarbeit dar. Hierbei soll der Ruhepuls um 2 S/min gesenkt werden. Ziel ist es dadurch auch eine Senkung der Arbeitsherzfrequenz bei konstanter Leistung zu erreichen (Zintl & Eisenhut, 2001, S.68). Realistisch betrachtet, kann durch regelmäßiges Ausdauertraining eine Absenkung der Ruheherzfrequenz um ca. einen halben Herzschlag pro Woche erreicht werden (Olivier et al. 2008). Da der Ruhepuls bereits im normalen Bereich liegt und eine Absenkung dementsprechend schwerer zu realisieren ist, wurden hier zur Zielerreichung weitere 2 Wochen hinzugefügt, was eine insgesamte Zeitspanne von 6 Wochen ergibt.

Der Ausbau der Grundlagenausdauer ist ein weiteres Ziel des Probanden. Hierbei kann der Fortschritt mit Hilfe der relativen Wattleistung gemessen werden. Durch eine Durchführung von Re-Tests, in dem Fall den H- & V-Test, kann eine Veränderung der Leistung festgestellt werden. Innerhalb von 10 Wochen soll hierbei eine Steigerung der erreichten Wattleistung um 15% erzielt werden. Die derzeitige relative Wattleistung des Probanden beträgt 123 Watt. Eine Steigerung um 15% entspricht ca. 18 Watt. Da der Proband bereits eine gute Ausdauerleistung vorweist und mit steigender Leistung die Verbesserung zunehmend abnimmt, wurde eine Zeitdauer von 10 Wochen festgelegt.

Zuletzt besteht das Ziel darin ein Körpergewicht von 54 kg zu erreichen. Anders formuliert würde das Ziel eine Körpergewichtsreduktion um 3 kg bedeuten. Eine Zeitspanne von 6 Wochen ist hierbei vollkommen ausreichend, da wöchentlich eine Abnahme um 0,5 kg realistisch ist.

3 Trainingsplanung Mesozyklus

3.1 Grobplanung Mesozyklus

Der Mesozyklus (MEZ) besteht aus mehreren kleineren Mikrozyklen (MIZ). Die durchschnittliche Dauer eines MEZ beträgt in der Regel sechs bis zwölf Wochen, ist aber stark vom eigentlichen Trainingsziel abhängig (Schnabel et al., 1997, S.320). Im Folgenden wird eine grobe Planung des Mesozyklus für den Probanden vorgestellt.

Tab. 10: Grobplanung eines Mesozyklus (eigene Darstellung, 2021)

Mesozyklus	
Dauer	6 Wochen
Trainingsziel	Ökonomisierung der Herzarbeit, Gewichtsreduktion
Belastungsumfang/Woche	3 Stunden
Trainingsmethode	Extensive Dauermethode Intensive Dauermethode Variable Dauermethode
Trainingsintensität	50-60 % (regenerative Training) 60-75 % Hf_{max} (extensiv DM) 75-85 % Hf_{max} (intensiv DM) 60-85 % Hf_{max} (variable DM)
Trainingshäufigkeit/Woche	3
Dauer pro Trainingseinheit	40 min (regeneratives Training) 40-90 min (extensiv DM) 45-60 min (intensiv DM) 40-90 min (variable DM)
Trainingsgeräte	Fahrradergometer, Stepper, Crosstrainer

GA = Grundlagenausdauer   DM = Dauermethode   IM = Intervallmethode

3.2 Detailplanung Mesozyklus

Nachdem ein grober Plan für den Mesozyklus aufstellt ist, kann in die detailliertere Planung übergegangen werden. Dabei wird für jeden Tag der Woche bestimmt, mit welcher Trainingsmethode zu trainieren ist. Für eine optimale Steuerung des Trainings und um einen wirksamen Reiz zu erzielen, wird die Pulsober- und Untergrenze benötigt. Beide Grenzen werden abhängig von der theoretischen maximalen Herzfrequenz bestimmt. Der prozentuale Intensitätsbereich ergibt dann die Trainingsherzfrequenz. Für die Berechnung der Trainingsherzfrequenz (Thf) auf einem Fahrrad wird die Formel des American College of Sports Medicine (ACSM, 2006a, S. 341) verwendet.

$$Thf = Hf_{max} * \text{Intensität in } \%$$

Dabei wird die theoretische maximale Herzfrequenz benötigt, welche vom verwendeten Trainingsgerät abhängt. In diesem Fall wird der Proband hauptsächlich auf dem Fahrrad die Ausdauertrainingseinheiten durchführen. Die Berechnung für die maximale Herzfrequenz auf dem Fahrrad lautet wie folgt (ACSM, 1998c, S. 975):

$$Hf_{max}(\text{Fahrrad}) = 200\text{-Lebensalter}$$

Somit ergibt sich für den Probanden eine maximale Herzfrequenz auf dem Fahrrad von 174 S/min, bei einem Lebensalter von 26 Jahren. In der folgenden Tabelle sind die Pulsgrenzen von verschiedenen Intensitäten für den Probanden ausgerechnet.

Tab. 11: maximale Herzfrequenz bei unterschiedlichen Intensitäten berechnet nach der ACSM-Formel (eigene Darstellung, 2021)

Intensität	Hf_{max} = 174 S/min
50 %	87 S/min
55 %	96 S/min
60 %	104 S/min
65 %	113 S/min
70 %	122 S/min
75 %	131 S/min
80 %	139 S/min
85 %	148 S/min

Im Folgenden wird eine detaillierte Planung der einzelnen sechs Wochen in einer Tabelle dargestellt. Hierbei beruht die Planung auf der Grobplanung, welche in Kapitel 3.1 bereits dargestellt wurde.

Tab. 12: Detailplanung eines Mesozyklus Teil 1 (eigene Darstellung, 2021)

Woche 1	Montag	Mittwoch	Freitag
Trainingsziel	GA 1	GA 2	GA 1/2
Trainingsmethode	Extensive DM	intensive DM	Extensive DM
Trainingsintensität	65-70 % Hf$_{max}$	75-80 % Hf$_{max}$	70-75 % Hf$_{max}$
Trainingsherzfrequenz	113-122 S/min	131-139 S/min	122-131 S/min
Trainingsdauer	60 min	45 min	50 min
Trainingsgerät	Fahrrad	Fahrrad	Crosstrainer
Woche 2	Montag	Mittwoch	Freitag
Trainingsziel	GA 1/2	GA 2	REKOM
Trainingsmethode	Variable DM	Intensive DM	Extensive DM
Trainingsintensität	75-80 %/ 80-85 % Hf$_{max}$	75-80 % Hf$_{max}$	50-60 % Hf$_{max}$
Trainingsherzfrequenz	131-139 S/min/ 139-148 S/min	131-139 S/min	87-104 S/min
Trainingsdauer	50 min Intervall 5:5	45 min	40 min
Trainingsgerät	Fahrrad	Crosstrainer	Stepper
Woche 3	Montag	Mittwoch	Freitag
Trainingsziel	GA 1	GA 1	GA 1
Trainingsmethode	Extensive DM	Extensive DM	Extensive DM
Trainingsintensität	65-70 % Hf$_{max}$	65-70 % Hf$_{max}$	60-65 % Hf$_{max}$
Trainingsherzfrequenz	113-122 S/min	113-122 S/min	104-113 S/min
Trainingsdauer	50 min	45 min	40 min
Trainingsgerät	Fahrrad	Stepper	Crosstrainer
Woche 4	Montag	Mittwoch	Freitag
Trainingsziel	GA 1	GA 2	GA 1/2
Trainingsmethode	Extensive DM	intensive DM	Extensive DM
Trainingsintensität	65-70 % Hf$_{max}$	75-80 % Hf$_{max}$	70-75 % Hf$_{max}$
Trainingsherzfrequenz	113-122 S/min	131-139 S/min	122-131 S/min
Trainingsdauer	70 min	50 min	60 min
Trainingsgerät	Fahrrad	Fahrrad	Crosstrainer
Woche 5	Montag	Mittwoch	Freitag
Trainingsziel	GA 1/2	GA 2	REKOM
Trainingsmethode	Variable DM	Intensive DM	Extensive DM
Trainingsintensität	75-80 %/ 80-85 % Hf$_{max}$	75-80 % Hf$_{max}$	50-60 % Hf$_{max}$
Trainingsherzfrequenz	131-139 S/min/ 139-148 S/min	131-139 S/min	87-104 S/min
Trainingsdauer	60 min Intervall 10:10	50 min	40 min
Trainingsgerät	Fahrrad	Crosstrainer	Stepper

Tab. 13: Detailplanung eines Mesozyklus Teil 2 (eigene Darstellung, 2021)

Woche 6	Montag	Mittwoch	Freitag
Trainingsziel	GA 1	GA 1	GA 1
Trainingsmethode	Extensive DM	Extensive DM	Extensive DM
Trainingsintensität	65-70 % Hf_{max}	65-70 % Hf_{max}	60-65 % Hf_{max}
Trainingsherzfrequenz	113-122 S/min	113-122 S/min	104-113 S/min
Trainingsdauer	55 min	50 min	45 min
Trainingsgerät	Fahrrad	Stepper	Crosstrainer

REKOM = Regenerations- und Kompensationsbereich

3.3 Begründung zum Mesozyklus

Der tabellarisch dargestellte Mesozyklus basiert auf den Zielen und Wünschen des Probanden. Es werden wöchentlich drei Trainingseinheiten, maximal drei Stunden die Woche, absolviert. Nach dem Prinzip der Dauerhaftigkeit und Kontinuität sollten optimaler Weise drei bis vier Trainingseinheiten pro Woche erfolgen, um den gewünschten Anpassungseffekt zu erzielen. Das maximale Trainingspensum laut Angaben des Probanden, beträgt drei Einheiten die Woche mit nicht mehr als drei Stunden, weshalb auf eine vierte Trainingseinheit verzichtet wurde.

Da zwei der genannten drei Ziele bereits in sechs Wochen zu erreichen sind, wird ein Trainingsplan mit einer Dauer von sechs Wochen angesetzt. Die DM in all ihren Variationen ist besonders effektiv für die Ökonomisierung der Herzarbeit, da über einen langen Zeitraum hinweg, ohne lohnende Pausen, hauptsächlich im aeroben Bereich trainiert wird (Zintl & Eisenhut, 2001). Eine Kombination aus der extensiven, der intensiven und der variablen DM ermöglicht sowohl die Verbesserung des Herz-Kreislauf-Systems, die Ankurbelung des Fettstoffwechsels und gleichzeitig eine Reduzierung des Körperfetts (Zintl & Eisenhut, 2001; Hottenrott, 2006, 64ff.). Die extensive DM wird sowohl für das Training der GA 1 als auch für die Regenrationseinheiten verwendet. Auf Grund des größeren Umfangs und der geringeren Intensität eignet sich diese Methode am besten dafür (Hottenrott, 2006). Währenddessen zielt die intensive DM auf das GA 2 Training ab (Neumann et al., 2007, S. 131). Die Intensität ist hier deutlich höher und liegt zwischen 75-85 % Hf_{max}, was sich positiv auf einen signifikanten Körperfettverlust auswirkt (Bryner, Toffle, Ullrish und Yeater, 1997, S. 68). Eine Mischung aus beiden stellt dabei die variable DM dar. Es erfolgt ein Wechsel zwischen den verschiedenen Belastungsintensitäten in den einzelnen Trainingsintervallen.

Das Be- und Entlastungsverhältnis entspricht dem Trainingsprinzip des optimalen Verhältnisses zwischen Belastung und Erholung (Neumann et al., 2007). Es ist wichtig, dass während eines Mesozyklus die Be- und Entlastungsphasen aufeinander abgestimmt sind. Der vorgestellte Trainingsplan basiert hierbei auf dem Verhältnis 2:1. D.h. über zwei Wochen hinweg erfolgt eine Zunahme des Belastungsumfangs und der -intensität. Die dritte Woche beinhaltet eine heruntergefahrene Belastung zur Erholung und Stabilisierung der Grundlagenausdauer. Nach der dritten Woche wiederholt sich der Trainingsplan mit einer Anpassung an die Trainingsbelastung, um einen trainingswirksamen Reiz auszulösen. Dabei ist es wichtig zuerst die Häufigkeit, dann den Umfang und zuletzt die Intensität zu steigern. Da eine Steigerung der Häufigkeit aus zeitlichen Gründen nicht möglich ist, wird auf eine Erhöhung des Umfangs zurückgegriffen.

Wie die Trainingsbereiche auf den kompletten Mesozyklus verteilt sind hängt wesentlich von den Zielen und der Leistungsfähigkeit des Probanden ab (Hottenrott, 1997). Etwas mehr als die Hälfte der gesamten Trainingseinheiten in dem Mesozyklus besteht aus der GA 1. Dies hat den Hintergrund, dass zuallererst die Grundlagenausdauer stabilisiert werden soll. Die restlichen Einheiten werden auf das GA 2 oder eine Mischung aus beiden aufgeteilt. In der zweiten und fünften Woche ist jeweils ein Regenrationstraining eingeplant, weil die Trainingsintensität in dieser Woche höher angesetzt ist. Das Regenerationstraining sollte dabei zwischen 50-60 % der maximalen Herzfrequenz liegen und eine Dauer von 45 min nicht überschreiten (Hottenrott, 2006, Zintl & Eisenhut, 2001).

Damit keine Monotonie entsteht und auch neue Trainingsreize gesetzt werden, sind drei verschiedene Ausdauergeräte im Einsatz. Hierzu gehören das Fahrrad, der Stepper und der Crosstrainer. Auf ein Ausdauertraining am Laufband wurde auf Grund der bestehenden Knieschmerzen verzichtet. Die meisten Einheiten werden auf dem Fahrrad absolviert, da das Gerät dem Probanden bereits bekannt ist. Um die Kalorienverbrennung etwas anzukurbeln wurde zusätzlich der Crosstrainer in die Planung mit eingebracht. Der große Vorteil hierbei ist, dass mehr Skelettmuskulatur durch die aktive Mitarbeit der Arme verwendet wird. Dies wiederum führt zu einem höheren Energieverbrauch. Alle drei Geräte kommen abwechselnd zum Einsatz.

4 Literaturrecherche

Im folgenden Abschnitt werden zwei Studien bezüglich der Effekte von Ausdauertraining auf Diabetes Mellitus Typ-2 vorgestellt.

Tab. 14: Effekte des Ausdauertrainings bei Diabetes Mellitus Typ-2 (eigene Darstellung, 2021)

Titel	Die Wirkung von leichtem HIIT-training im Vergleich zu Ausdauertraining bei Personen mit Typ-2-Diabetes auf die glykämische Kontrolle	Ausdauertraining senkte den Serumspiegel des Surfactant Protein D und verbesserte aerobe Fitness von adipösen Frauen mit Typ-2-Diabetes
Original Titel (Englisch)	The effect on glycaemic control of low-volume high-intensity interval training versus endurance training in individuals with type 2 diabetes	Endurance exercise training decreased serum levels of surfactant protein D and improved aerobic fitness of obese women with type-2 diabetes
Autoren	Winding, K. M., Munch, G. W., Iepsen, U. W., van Hall, G., Pedersen, B. K. & Mortensen, S. P.	Rezaei, S., Shamsi, M. M., Mahdavi, M., Jamali, A., Prestes, J., Tibana, R. A., et al
Publikationsjahr	2017	2017
Forschungsfrage	Bewirkt ein High-Intensity Interval Training (HIIT-Training) mir kürzerem Zeitaufwand als bei einem Ausdauertraining dieselben Effekte auf die glykämische Kontrolle, die Fitness und die Körperzusammensetzung bei Personen mit Typ-2-2Diabetes.	Auswirkungen eines 10-wöchigen Ausdauertrainings auf den Serumspiegel von SP-D, Leptin, Lipidprofil und Insulinresistenz bei adipösen Frauen mit Diabetes Mellitus Typ-2.
Versuchspersonen	Insgesamt nahmen 29 Probanden mit Typ-2-Diabetes an der Studie teil.	Es nahmen 20 adipöse Frauen mit Diabetes Mellitus Typ-2 an der Studie teil.

Versuchsauf-bau	Die Teilnehmer sind in drei Gruppen aufgeteilt, die Kontrollgruppe (CON), die kein Training im Laufe der Studie betreibt, die Ausdauertrainingsgruppe (END) und die HIIT-Trainingsgruppe (HIIT). Die END Gruppe absolviert drei Trainingseinheiten a 40 Minuten pro Woche auf dem Fahrrad mit einer max. Belastung von 50%. Die HIIT-Gruppe absolviert zehn Mal einminütige Intervalle mit einem max. Belastungswert von 95%. Bei den Intervallen ist jeweils eine aktive Erholungsphase von einer Minute eingebaut. Die Studie geht über 11 Wochen hinweg. Vor und nach dem Beginn des Tests wir die glykämische Kontrolle, die Lipolyse, die maximale Sauerstoffaufnahme und die Körperzusammensetzung evaluiert.	Es gibt zwei Gruppen mit jeweils zehn Personen, eine Kontrollgruppe (C), die kein Training betreibt und eine Trainingsgruppe (ET), bei der ausschließlich Ausdauertrainingseinheiten durchgeführt werden. Die ET-Gruppe soll zehn Wochen lang täglich 30-55 Minuten 50-75% Herzfrequenzreserve auf dem Laufband trainieren. Venenblutproben wurden dabei vor Beginn des Tests bei beiden Gruppen genommen und 72h nach der letzten Trainingseinheit der ET-Gruppe. Analysiert wird der Serumspiegel von SP-D, das Leptin, das Lipidprofil und die Insulinresistenz.
Ergebnisse	Die maximale Sauerstoffaufnahme ist bei der HIIT-Gruppe um ca. 20% gestiegen. Im Vergleich dazu hat die END-Gruppe eine Zunahme von gerade einmal 8-9 % trotz längeren Trainingseinheiten. Zusätzlich ging bei der HIIT-Gruppe der Körperfettanteil runter sowie das viszerale Fett. Während den 11 Wochen nahm stieg außerdem die Lipolyse bei der Kontrollgruppe an.	Der Serumspiegel von SP-D ist durch das Ausdauertraining im Durchschnitt um -78,78 ± 17,14% gesunken. Zusätzlich konnte in der ET-Gruppe ein niedrigerer Leptinspiegel im Vergleich zur Kontrollgruppe festgestellt werden. Die maximale Sauerstoffaufnahme hat nach dem zehnwöchigen Ausdauertraining signifikant zugenommen.
Schlussfolge-rungen	Trotz eines um ca. 45% geringeren Trainingsvolumens zeigen die Ergebnisse, dass ein HIIT-Training durchaus dieselben, wenn nicht sogar bessere Ergebnisse in den Bereichen, Fitness, Körperzusammensetzung und glykämische Kontrolle erzielt, wie das klassische Ausdauertraining. HIIT-Training eignet sich somit für ein zeiteffiziente Behandlung von Menschen mit Typ-2-Diabetes.	Ausdauertraining induzierte bei adipösen Frauen mit Diabetes Mellitus Typ-2 eine signifikante Reduktion des SP-D Serumspiegels.
Studienver-gleich	Beide Studien konnten aufzeigen, dass ein kontinuierliches Ausdauertraining signifikante Verbesserungen der Werte bei Personen mit Diabetes Mellitus Typ-2 erzielt. Es ist demnach empfehlenswert für diese Personen ein Ausdauertraining zu absolvieren.	

5 Literaturverzeichnis

American College of Sports Medicine (Hrsg.). (1998). *Exercise Management for Persons with Chronic Diseases and Disabilities.* Champaign, IL: Human Kinetics.

American College of Sports Medicine. (2006a). *Resource Manual for Guidelines for Exercise Testing and Prescription* (5 ed). Philadelphia: Lippincott Williams & Wilkins.

Bryner, R. W., Toffle, R. C., Ullrish, I. H. & Yeater, R. A. (1997). The effects of exercise intensity on body composition, weight loss and dietary composition in women. *Journal of the American College of Nutrition, 16* (1), 68-73.

Eisenhut, A. & Zintl, F. (2013). *Ausdauertraining. Grundlagen, Methoden, Trainingssteuerung.* (8. Aufl.) München: BVL Buchverlag GmbH & Co. KG.

Hottenrott, K. (1997). *Ausdauertraining. Intelligent effektiv erfolgreich.* Lüneburg: Wehdemeier & Pusch.

Hottenrott, K. (2006). *Trainingskontrolle mit Herzfrequenz-Messgeräten.* Aachen: Meyer & Meyer.

Institut für Prävention und Nachsorge. (2004). *IPN-Test* - Ausdauertest für den Fitness- und Gesundheitssport.* Köln: Institut für Prävention und Nachsorge.

Kindermann, W. & Coen, B. (1998). *Aerob-anaerobe Schwellenkonzeption zur Trainingssteuerung.* Köln: Sport und Buch Strauß

Mancia, G., Fagard, R., Narkiewicz, K., Redón, J., Zanchetti, A., Böhm,M. et al. (2013). 2013 ESH/ESC Guidelines for the management of arterial hypertension. The task force for the management of arterial hypertension of the European Society of Hypertension (ESH) and of the Euopean Society of Cardiology (ESC). *Journal of Hypertension, 31* (7), *1281- 1357.*

Neumann, G., Pfützner, A. & Berbalk, A. (2007). *Optimiertes Ausdauertraining* (5. Überarb. Aufl.). Aachen: Meyer & Meyer.

Olivier, N., Marschall, F. & Bürsch, D. (2008). *Grundlagen der Trainingswissenschaft und -lehre.* Schorndorf: Hofmann.

Pressenhofer, H. & Schwaberger, G. (1994). *Stellenwert der Laktatbestimmung in der Leistungsdiagnostik.* Stuttgart: G. Fischer

Rezaei, S., Shamsi, M. M., Mahdavi, M., Jamali, A., Prestes, J., Tibana, R. A., et al (2017). *Endurance exercise training decreased serum levels of surfactant protein D and improved aerobic fitness of obese women with type-2 diabetes.* Zugriff am 27.01.2021. Verfügbar unter https://pubmed.ncbi.nlm.nih.gov/29021828/

Rost, R. (2002). *Lehrbuch der Sportmedizin.* Köln: Deutsche Ärzte-Verlag.

Schnabel, Harre & Barde (1997). *Trainingswissenschaft. Leistungen, Training, Wettkampf.* Berlin: Sportverlag.

Steinacker, j. M., Liu, Y. & Reißnecker, S. (2002*). Abbruchkriterien bei der Ergometrie. Deutsche Zeitschrift für Sportmedizin, 53* (7-8), 228-229.

Trunz, E. (2001). *IPN-Test*-Ausdauertestung für den Fittness- und Gesundheitssport.* Köln: Institut für Prävention und Nachsorge.

Weineck, J. (1998). *Sportbiologie.* (6.Aufl.). Balingen: Spitta.

Weineck, J. (2003). *Ausdauertraining. Trainingssteuerung über die Herzfrequenz- und Milchsäurebestimmung.* Balingen: Spitta.

Winding, K. M., Munch, G. W., Iepsen, U. W., van Hall, G., Pedersen, B. K. & Mortensen, S. P. (2017). *The effect on glycaemic control of low-volume high-intensity interval training versus endurance training in individuals with type 2 diabetes.* Zugriff am 27.01.2021. Verfügbar unter https://pubmed.ncbi.nlm.nih.gov/29272072/

World Health Organization. (2000). *Obesity: Preventing and managing the global epidemic.* Geneva: Technical Report Series 894.

Zintl, F. & Eisenhut, A. (2001). *Ausdauertraining. Grundlagen Methoden Trainingssteuerung* (5. überarb. Aufl.). München: BLV

6 Tabellenverzeichnis & Abkürzungsverzeichnis

6.1 Tabellenverzeichnis

6.2 Abkürzungsverzeichnis

AHA
American Heart Association

H-&V-Test
Hollmann-Venrath-Test

HF_{max}
maximale Herzfrequenz

HIIT
High-Intensity-Interval-Training

IPN
Institut für Prävention und Nachsorge

KFA
Körperfettanteil

MEZ
Mesozyklus

REKOM
Regenerations- und Kompensationsbereich

Thf
Trainingsherzfrequenz

BMI
Body-Mass-Index